LES

ÉCOLES DE SYBARIS

PAR

A. ANQUETIL

INSPECTEUR HONORAIRE DE L'ACADÉMIE DE PARIS

Pièce lue le 25 Juin 1876,
à la Distribution solennelle des Prix faite aux Écoles publiques
du canton d'Arpajon

PAR LA SOCIÉTÉ CANTONALE DE BIENFAISANCE
POUR LA PROPAGATION DE L'INSTRUCTION PRIMAIRE ET DE
L'ÉDUCATION MORALE ET RELIGIEUSE

VERSAILLES

IMPRIMERIE ET STÉRÉOTYPIE CERF ET FILS
59, RUE DU PLESSIS, 59

—

1876

LES
ÉCOLES DE SYBARIS

Mesdames et Messieurs, ou plutôt mes amis,
    S'il est vrai que dans cette enceinte
    A ce titre l'on ait admis
Le verbeux harangueur qui ne s'est point démis,
De ma mémoire hier, ténébreux labyrinthe
Dont la dernière lampe est déjà presque éteinte,
Ce distique a jailli comme un trait de clarté :
    « Si *Peau-d'âne* m'était conté,
    » J'y prendrais un plaisir extrême. »

Qui donc fit cet aveu que mille ont répété ?
Un auteur qu'à l'envi l'on admire et l'on aime ;
De l'enfant, du vieillard en tous pays goûté
    (Le Brandebourg seul excepté),
L'immortel fablier, La Fontaine lui-même ;
Ce bonhomme, dirai-je ou naïf ou narquois ?
Qui daubait l'écolier, bernait le pédagogue,
    Et soulait dans chaque apologue
Semer à pleines mains le bon vieux sel gaulois.

    Mais du Champenois qu'ai-je affaire
    D'évoquer la grande ombre ici ?

Et ne croira-t-on pas qu'ainsi
Je lui veuille porter un défi téméraire ?
Ah ! ne m'imputez point cet arrogant souci ;
Soyez plus justes, je vous prie,
Et ne voyez en tout ceci
Que le soin d'une muse assez mal aguerrie,
Qui veut d'un bouclier bonnement se couvrir,
Et préserver sa gaucherie
Des périls qu'elle va courir.

Or savez-vous pourquoi je tremble ?
Sans compromettre, ce me semble,
Le décorum qui sied à la solennité
D'une fête où, quand vient le solstice d'été,
Devoir, plaisir, tout nous rassemble ;
Sans appeler à soi le « burlesque effronté »
Dont à bon droit Platon redoutait pour l'enfance
La contagieuse influence,
On peut, si de Boileau sûre est l'autorité,
« Passer du grave au doux, du plaisant au sévère ; »
Le mélange est permis et ne saurait fâcher,
Pourvu que le goût le tempère.
Heureux tempérament ; mais quoi ! pour y toucher,
Ou même pour en approcher,
Il me faudrait la « voix légère »
Qui fuit d'autant plus loin qu'on la veut trop chercher.
En de semblables circonstances
Je vous ai débité des stances,
Et ne veux point récidiver ;
Obéir au conseil du maître,
Et changer de cadre est peut-être
Le vrai moyen de tout sauver.

« Diversité, c'est ma devise »
O poète, aussi bien puisque tu nous l'as dit,
Et que par ton puissant crédit
La maxime en honneur fut mise,
Le meilleur parti n'est-il pas,
Pour ne point m'égarer, de suivre pas à pas

La route que toi-même as prise ?
   L'imprudent versificateur
Qui deux fois à l'épreuve a mis votre obligeance,
   Pour mieux gagner votre indulgence,
   Aspire à se faire conteur ;
Mais si dans son essai par malheur il s'abuse,
   Et qu'il ait fourvoyé sa muse,
   N'accusez que l'imitateur.

Le monde entier connaît Sybaris, et la Grèce
   Nous a légué sur sa mollesse
Maints récits fort piquants. Permettez aujourd'hui
Que j'y puise, et qu'au vrai donnant l'air de la fable,
   J'évite d'offenser autrui ;
Et sans m'évertuer à faire l'agréable,
Trouvez bon que je vise à conjurer l'ennui.
Sur la foi d'un vieux guide ensemble dans la ville
   Entrons, et tâchons qu'avec lui
La promenade au moins ne soit pas inutile.

Sybaris quelque temps avait dicté des lois
   A toutes les cités voisines
Dont les peuples tremblaient au bruit de ses exploits ;
   Mais de ses splendeurs d'autrefois
   Et de ses légendes divines
Un vague souvenir à peine était resté ;
Le vide envahissait l'opulente cité ;
Temples, palais dorés de précoces ruines
Commençaient à joncher les flancs de ses collines.
Grâce au fatal excès de sa prospérité,
   Sybaris s'était appauvrie :
Dans un oiseux duvet la jeunesse nourrie
Ne rêvait que festins et divertissements ;
   Des héroïques sentiments
   La source antique était tarie ;
Et sans trève occupés de vains délassements,
Gaspillant les trésors amassés par leurs pères,
Les fils dégénérés ne s'ingéniaient guères
   Qu'à de nouveaux raffinements,

Ces voiles verts et ces ombrelles
Qu'à Longchamps, à La Marche étalent nos dandys,
Sont les reliques les plus belles
De ces peuples abâtardis;
Chez qui des moissonneurs courbés sur leurs javelles,
Et tout noircis par la saison,
L'aspect faisait tomber les gens en pâmoison.

Les oiseaux vigilants, chers au dieu d'Epidaure,
En ce temps-là prenaient grand soin
D'annoncer par leur chant le retour de l'aurore ;
Et la mode ici même, et sans qu'il soit besoin
De poursuivre une enquête au loin,
Dans plus d'un poulailler peut-être dure encore.
Contre un criant abus on fit des règlements ;
Aux chanteurs peu discrets on imposa silence ;
De scandaleux déportements
On réprima la pétulance,
Et d'effroyables châtiments,
Capables de mater une fougue insensée,
Réfrénèrent quiconque aurait eu la pensée
De narguer la police et ses commandements.
Bien dure était la loi ; tous pourtant se soumirent,
Puis insensiblement quelques-uns se permirent
De recommencer, mais si bas
Que l'on n'entendit guère ou qu'on n'entendit pas.
Volontiers l'on fait grâce au délinquant timide,
Et l'on se borne, alors qu'il est simple et candide,
A chapitrer le libertin ;
Mais de voir que sans fruit l'on gronde, l'on sermonne,
Que l'on fait plus d'ingrats lorsque plus on pardonne,
Et que la clémence à la fin
Aux manquements invite et n'amende personne,
On se lasse, et le juge ordonne
Que l'on tordra le cou des réveille-matin.
Quelques poulettes protestèrent
Contre l'impitoyable arrêt ;
Mais l'exécuteur était prêt,
Et les magistrats décrétèrent,

Au nom du public intérêt,
Qu'on ne suspendrait point le cours de la justice ;
Même ils voulurent qu'au supplice,
Malgré les lamentations,
Malgré les intercessions,
L'une au moins assistât, repentante et contrite,
Par qui fût aux cochets redité
La peine réservée aux contraventions.

On avait banni de la ville
(N'est-il pas superflu de vous le rappeler ?)
Tous les métiers bruyants ; car ce peuple débile,
Et qui d'une tâche facile,
Comme d'un lourd fardeau, se laissait accabler,
Voulait que du repos Syharis fût l'asile,
Et d'un calme absolu que rien ne vînt troubler,
Du matineux Vulcain, qui dans son antre allume
Dès avant l'aube ses fournéaux,
On n'y tolérait point les robustes travaux ;
On avait exilé le Cyclope, et l'enclume
Jamais n'y gémissait sous les coups des marteaux.

Syharis comptait cent écoles
Dont chacune étalait un programme fort béau,
Sinon que, gonflés d'hyperboles,
Et pareils à ces lueurs folles
Que les simples déçus suivent comme un flambeau,
Ces programmes n'étaient qu'un amas de paroles,
Un vain décor, un vain drapeau,
Blasonné d'emblèmes frivoles,
Mais du badaud crédule irrésistible appeau.
Ce maître de philosophie
Que Monsieur Jourdain mande et de qui le fatras
L'éblouit et le terrifie,
Enseignait l'orthographe avec moins de fracas.
De tout charlatan qui pérore,
Sur deux tréteaux monté, débitant son hébreu,

Comme à l'aspect d'un météore,
Le vulgaire s'engoue, et n'y voit que du feu.
Donc les écoles valaient peu,
Et les écoliers moins encore.

Faut-il s'en étonner? Sitôt qu'à des parents ·
D'aventure un maître sincère
Dénonçait leurs enfants qui ne voulaient rien faire,
Les maîtres à leur gré n'étaient que des tyrans
Nés pour fausser l'esprit, gâter le caractère.
Pourquoi des écoliers tant gêner les penchants ?
Paresseux, en revanche ils n'étaient pas méchants ;
Les livres ne les charmaient guère,
Mais ils étaient si peu turbulents dans leurs jeux ;
Et d'ailleurs aux parents ce dégoût de l'étude
Devait-il inspirer la moindre inquiétude ?
Leurs fils au bout du compte en sauraient autant qu'eux.
Ainsi parlaient les plus honnêtes,
Mais tous n'étaient pas si polis ;
Et déboutés de leurs requêtes,
Les plaignants n'étaient pas quittes à si bas prix ;
Car souvent par des algarades,
Et de blessantes incartades,
Les parents soutenaient la cause de leurs fils.
Les petits du hibou, laids, rechignés, maussades,
Pour lui ne sont-ils pas « mignons,
Beaux, bien faits et jolis sur tous leurs compagnons ? »

Les maîtres cependant, rebutés de la sorte,
A garder le silence étaient bien résolus ;
Et l'un d'eux, éconduit, presque mis à la porte,
Se disait en lui-même : « On ne m'y prendra plus.
Eh quoi ! D'avoir parlé selon ma conscience,
A mon défaut de clairvoyance
Voilà ce qu'il en a coûté !
A d'autres la sincérité !
Qu'ils en fassent l'expérience !
D'ailleurs à déplaire, à choquer
Qu'ai-je besoin de me risquer,

Lorsqu'au lieu de veiller sur leur progéniture,
    Et dans leur hâte d'abdiquer,
Au devoir le plus saint, au vœu de la nature,
Les parents sont ici les premiers à manquer ?
Nul ne me saurait gré de faire davantage ;
    Et puis j'ai là, tout à côté,
Un jaloux qui me guette, et qui de mon dommage
    Saura bien tirer avantage,
Si j'affronte, et pour qui ! l'impopularité.
On ne m'y prendra plus. » Ce sage était un lâche,
    Et chez nous tout homme de cœur
En sa place aurait dit : « Ma franchise les fâche ;
Eh bien ! tant pis pour eux. Quelle que soit la tâche,
Et sans plus consulter, dans toute sa rigueur
J'accepte le fardeau que le devoir m'impose.
Est-ce qu'où l'honneur parle, on transige, on compose ?»

    Notre sage agit autrement ;
    Mais de son fol aveuglement
    Tôt après il porta la peine.
    Or comment la chose se fit,
Il me reste à le dire, et je manque d'haleine
Juste à l'endroit où va commencer mon récit.
Narrateur attardé dans un long préambule
    Et qui, non sans quelque dépit,
Reconnaît qu'il n'a point franchi le vestibule,
    Je ressemble assez en effet
    A cet avocat ridicule
« Qui court le grand galop quand il est à son fait. »
Donc j'abrége et me hâte et d'un trait je supprime
Tout ce que de soi-même on peut imaginer.
Je suis si long déjà, moi qui tiens pour maxime
Que le bon, que l'utile en peu de mots s'exprime,
Et maudis le bavard qui ne sait terminer.

De l'école, au moyen d'adroites tolérances,
    Prévenir la désertion,
    Tout en sauvant les apparences,
Du magister devint l'unique ambition.

Son espoir l'abusa. Le discret personnage,
Lorsque Phébus devient miséricordieux,
    Et que le Lion furieux
    Ni la Canicule en sa rage
De leurs feux dévorants n'embrasent plus les cieux,
    Pour se conformer à l'usage,
    Quittait la ville et dans les champs
Vers le déclin du jour conduisait les enfants.
    Notre chronique même assure
    Qu'aux disciples qu'il emmenait
    D'un ton solennel il donnait
Des leçons de morale et d'arboriculture ;
    Mais la chronique ajoute aussi
Que d'y prêter l'oreille aucun n'avait souci.
    Si des soleils couchants d'automne
    Ou des largesses de Pomone,
    Du gazouillement des oiseaux
    Ou du murmure des ruisseaux
Le docteur discourait, je ne le saurais dire ;
    Car les sténographes du temps
    De ces entretiens importants
Ou n'ont pu rien entendre ou n'ont pu rien écrire.
Du reste on cheminait doucement, posément,
    De ses pas nul n'était prodigue ;
    Même on s'asseyait fréquemment ;
Car en toute saison s'épargnant la fatigue,
Les gens de Sybaris à pied n'allaient pas loin.
D'achever le tableau je vous laisse le soin ;
Il n'en vaudra que mieux, si je vous l'abandonne.
De « songer en veillant » clair et net est le gain :
Au prix de l'idéal qu'à sa guise on façonne,
Combien le réel semble incolore et mesquin !

D'innombrables figuiers la route était bordée,
    Qui, pour vous en donner l'idée,
Sous le poids de leurs fruits rompaient pour la plupart.
La bande à cet aspect poussa des cris de joie
Qu'interrompit le maître en montrant un placard
Fait pour intimider le plus hardi pillard ;

Si bien que nos fripons déconfits sur la proie
Que la fortune à point vainement leur envoie,
Osaient jeter à peine un oblique regard.
Une figue gisait, de sa tige tombée,
Et qu'aux passants distraits je ne sais quel hasard
    Avait jusque-là dérobée ;
    De la cohorte un des plus lents
    Qui, toujours restant en arrière,
Nonchalamment traînait ses membres indolents,
    L'aperçoit au bord d'une ornière,
(Mieux eût valu pour lui ne pas l'apercevoir)
La ramasse en cachette, et se met en devoir
D'ôter d'un doigt léger quelques grains de poussière.
Imprudent ! Il faisait par ses précautions
Deviner sa trouvaille et ses intentions.

    Le maître soupçonneux s'approche
Du pêcheur maladroit qui frissonne et pâlit,
    Confisque le corps du délit,
    Et mêlant, plus dur que la roche
Que du naufragé même aucun pleur n'amollit,
L'ironie au sermon, le sarcasme au reproche :
» Quoi ! nos enseignements n'auront fait que blanchir !
Disait-il, et tu crois cette fois nous fléchir !
D'un horrible larcin, drôle, tu n'as pas honte ?
O ciel ! ô temps ! ô mœurs ! Le rouge au front nous monte.
Faire miséricorde à de tels polissons !
Non !.. Je t'étrillerai de toutes les façons.
Je t'avais défendu d'y toucher, et tu l'oses !
La désobéissance aux abîmes conduit,
Et tu l'éprouveras ; et d'abord cette nuit
Tu ne coucheras point sur ce bon lit de roses
Où, mollement bercé, douze heures tu reposes
D'un sommeil que jamais n'interrompt aucun bruit :
Sommeil réparateur, hormis quand d'aventure
    Le chatouillement douloureux
    D'une feuille pliée en deux
T'effleure l'épiderme, et que la meurtrissure
Te réveille, oppressé d'un cauchemar affreux....
Quoi ! Si jeune et déjà si gâté !... Malheureux !.. ..

A continuer sa harangue
Le pédant s'apprêtait, car il était en train,
    Mais sa voix n'était pas d'airain,
Et l'effort lui séchait le palais et la langue.
L'histoire nous apprend que même à de grands saints.
Dans plus d'un cas faillit la grâce suffisante.
Le nôtre avait encor la figue entre les mains,
    Et veloutée, appétissante,
Et pour sa gorge en feu combien rafraîchissante !
La sensualité le lui disait tout bas.
    Le malencontreux moraliste,
    Pour les autres si rigoriste,
Écouta la sirène et ne résista pas.
    En foudroyant la gourmandise,
Il avait oublié combien faible est la chair,
    Combien forte est la convoitise.
    La figue à voir semblait exquise,
    Le goût n'en démentit point l'air,
Jamais il ne mordit poire ou pastèque ou datte
    Si fondante et si délicate ;
    Mais le régal lui coûta cher.
Le précepte est aride et la semonce ennuie;
    Il parlait d'or, mais des leçons
    Que jamais l'exemple n'appuie,
Que sont-elles partout que de vaines chansons
    Qu'on traite avec irrévérence,
S'il advient qu'au banquet l'on n'ait pour échansons
    Que des suppôts d'intempérance ?

    Profane, il ne m'est point permis
De lancer en mon nom le terrible anathème
    Que prononça le Sauveur même
Contre qui des enfants à sa garde remis
    Se fait la pierre de scandale ;
Mais souffrez qu'un païen me prête sa morale :
« L'enfance a droit, dit-il, au plus profond respect ;
Nul ne peut devant elle être trop circonspect ;
Et si dans l'âme éclot un penser malhonnête,
Que d'un fils innocent le regard nous arrête. »

Mais trève aux prédications ;
 Sur la pente du monitoire
Je glisserais, et mieux que des digressions
Le conseil sortira du reste de l'histoire.

Interdits tout d'abord et muets de stupeur,
A huer le tyran les bambins s'enhardirent,
L'épouvantail connu n'inspira plus de peur,
Et sur le soliveau les grenouilles bondirent.
Un cri jusques au ciel monta : « Sus aux figuiers ! »
Les échos d'alentour à ce cri répondirent,
    Toutes les voix se confondirent,
Et le maître trembla devant ses écoliers.
    Il fallut qu'au propriétaire
Il payât le dégât dans le verger commis ;
Il fallut qu'à la ville, et soigneux de se taire,
Mené comme en triomphe et par quels ennemis !
Il rentrât, humble esclave à des marmots soumis.
La licence, dès lors, n'eut plus ni frein ni digue ;
Il lui fallut pour tous être *l'homme à la figue,*
Subir en souriant l'outrageux sobriquet,
Et de honte abreuvé, succombant sous la ligue,
Déguerpir du pays et faire son paquet.

Que devint Sybaris ? demandez-vous... Qu'importe ?
Vivante encore, au vrai Sybaris était morte.
    Magistrats ou particuliers,
    Parents, précepteurs, écoliers,
De la caducité tous présentaient les signes ;
    Les uns des autres étaient dignes ;
    Et toujours à leurs héritiers
    Transmettant les mêmes consignes,
Dans le gouffre roulaient par les mêmes sentiers.
A de puissants voisins qui chez eux pénétrèrent,
Et des murs mal gardés aisément s'emparèrent,
Par un luxe énervant vaincus plus d'à moitié,
    Sans coup férir ils se livrèrent,
Et vendus à l'encan, pas un n'en eut pitié.

De commenter ce long grimoire,
Mesdames et Messieurs, ce n'est pas le moment;
Et je le dis sincèrement,
Tant mieux pour l'orateur et pour son auditoire.
Au fait à quoi bon démontrer
Que Sybaris n'est point la France,
Qu'un étranger rapace un jour put démembrer,
Mais à qui Dieu laissa : *Souvenir, Espérance?*

(Extrait du *Courrier de Versailles*,
n° du 20 août 1876.)

ŒUVRES COMPLÈTES D'HORACE

Traduites en vers français

AVEC LE TEXTE EN REGARD

PAR

A. ANQUETIL
Inspecteur honoraire de l'Académie de Paris

PRÉCÉDÉES

D'UNE ÉTUDE SUR HORACE

PAR

HIPP. RIGAULT

Et suivies d'abondantes Notes philologiques, littéraires,
historiques et géographiques.

2 forts volumes in-12. Prix 8 fr.

Tome I. *Œuvres lyriques* (2ᵉ éd. refond.).   580 pag.
Tome II. *Satires, Épîtres, Art poétique*.   544 pag.

Paris, Hachette, boulevard Saint-Germain , 79.
Versailles, chez l'auteur, avenue de Paris, 1.

Dans sa séance du 29 avril 1876, adoptant à l'unanimité les propositions de sa Commission formulées dans le rapport de M. Désiré Nisard, l'Académie française a décerné à l'auteur le prix de traduction fondé par M. Langlois.

L'édition *expurgée* est autorisée pour les bibliothèques de quartier et pour les distributions de prix (V. le *Bulletin adm. du Min.*, 11 juillet 1876, page 451).

Imp. Cerf et Fils. — Versailles, rue du Plessis, 59.

9 782019 301811